Descubriendo Dinosaurios

Triceratops

Aaron Carr

El enriquecido libro electrónico AV² te ofrece una experiencia bilingüe completa entre el inglés y el español para aprender el vocabulario de los dos idiomas.

This AV² media enhanced book gives you a fully bilingual experience between English and Spanish to learn the vocabulary of both languages.

Spanish   **English**

Navegación bilingüe AV²
AV² Bilingual Navigation

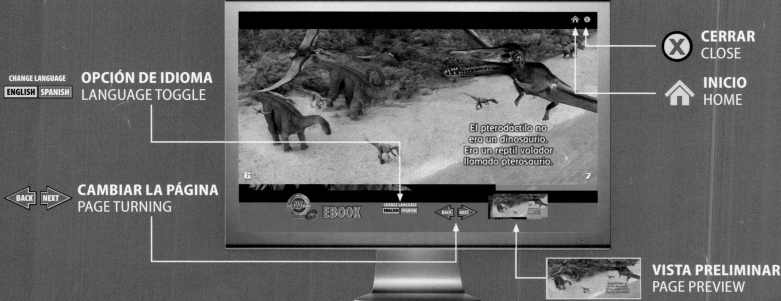

CERRAR
CLOSE

INICIO
HOME

CHANGE LANGUAGE
ENGLISH SPANISH

OPCIÓN DE IDIOMA
LANGUAGE TOGGLE

CAMBIAR LA PÁGINA
PAGE TURNING

VISTA PRELIMINAR
PAGE PREVIEW

2

Triceratops

En este libro aprenderás

el significado de su nombre

su apariencia

dónde vivía

qué comía

¡Y mucho más!

Conoce al Triceratops.
Su nombre significa
"cara de tres cuernos".

5

El triceratops tenía dos cuernos largos y uno corto.

6

Sus dos cuernos grandes
medían tres pies de largo.

Los triceratops tenían la cabeza más grande que cualquier otro animal que haya vivido en la tierra.

Su cabeza podía medir seis pies de ancho y ocho de largo.

El triceratops era herbívoro.

Comía las plantas que crecían a lo largo del suelo.

El triceratops tenía una boca
con forma de pico.
Usaba su boca en forma de
pico para romper sus alimentos.

13

El triceratops se movía lentamente sobre cuatro patas cortas.

Sus patas delanteras eran más cortas que sus patas traseras.

El triceratops vivía cerca
de lagos y estanques.

Vivía en la parte oeste
de Norteamérica.

17

Los triceratops se extinguieron hace más de 65 millones de años.

Las personas aprendieron acerca de los triceratops a través de los fósiles.

Las personas pueden visitar museos para ver fósiles y aprender más acerca de los triceratops.

DINOSAUR

21

Datos del triceratops

Estas páginas proveen información detallada que amplía los datos interesantes encontrados en este libro. Están destinadas a ser utilizadas por adultos como apoyo de aprendizaje para ayudar a los pequeños lectores con sus conocimientos de cada dinossaurio o pterosaurio maravilloso presentado en la serie *Descubriendo dinosaurios*.

Páginas 4–5

La palabra triceratops significa "cara de tres cuernos".
El triceratops era un dinosaurio de gran tamaño más conocido por tener tres cuernos en su cabeza. Tenía un cuerpo fuerte, bajo y fornido similar al de los rinocerontes de la actualidad. El triceratops podía medir 30 pies (9 metros) de largo y 10 pies (3 m) de alto y podría haber llegado a pesar hasta 26.000 libras (11.800 kilogramos).

Páginas 6–7

El triceratops tenía dos cuernos grandes y uno corto.
Los cuernos largos, que medían más de 3 pies (1 m) estaban ubicados sobre los ojos del triceratops. El cuerno corto se encontraba sobre su boca. La mayoría de los científicos piensa que el triceratops usaba este cuerno para defenderse de predadores como el tiranosaurio rex. Los cuernos también podrían haber sido utilizados para atraer parejas.

Páginas 8–9

El triceratops tenía la cabeza más grande que cualquier animal. El triceratops también tenía una placa ósea, llamada gola, sobre su cabeza. La gola podía ser de hasta 6 pies (1,8m) de ancho y tenía una línea de espinas sobre su borde externo. Los científicos no están seguros del uso de la gola en los triceratops. Podría proteger el cuello de los triceratops de predadores, o podría haber sido utilizada para atraer parejas. La gola desarrollaba agujeros a medida que el triceratops crecía, por lo tanto podría haber ayudado a determinar su edad.

Páginas 10–11

El triceratops era herbívoro, o vegetariano. El triceratops comía una variedad de plantas bajas como arbustos y cícadas. A diferencia de otros dinosaurios herbívoros, el triceratops podía comer plantas duras y leñosas, así como también otras verdes, más blandas. Esto le daba al triceratops una ventaja en comparación con muchos otros dinosaurios. Por este motivo, el triceratops era el herbívoro más dominante de su época.

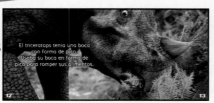

El triceratops tenía una boca en forma de pico. Los científicos piensan que la forma de la boca, combinada con poderosas mandíbulas, le ayudaba al triceratops a cortar o tomar sus alimentos. Para ayudar a masticar sus alimentos, el triceratops tenía cientos de dientes. Los dientes estaban distribuidos en muchas columnas que cubrían sus mejillas. El triceratops podía tener hasta 800 dientes, aunque solamente un pequeño número de estos eran utilizados a la vez.

El triceratops tenía cuatro patas cortas. El triceratops tenía patas traseras fuertes y gruesas y sus patas delanteras eran ligeramente más cortas. Esto hacía que el triceratops pareciera estar un poco inclinado hacia adelante. La evidencia de huellas fosilizadas de dinosaurio sugiere que el triceratops caminaba de forma similar a los mamíferos de gran tamaño de la actualidad, como los elefantes. Aunque el triceratops tenía patas potentes, es posible que no se pudiera mover muy rápidamente.

El triceratops vivía en la parte oeste de Norteamérica. El triceratops vivía en áreas frondosas a lo largo de las partes oeste de lo que hoy es Estados Unidos y Canadá. Como herbívoro, el triceratops tenía que vivir cerca de vegetación. Prefería las áreas forestadas cerca de lagos y estanques. Muchos científicos creen que el triceratops vivía en manadas con muchos otros miembros de su especie.

El triceratops vivió más de 65 millones de años atrás en el período Cretácico Tardío. Este período terminó cuando el impacto de un meteorito acabó con los dinosaurios. Todo lo que las personas saben acerca del triceratops proviene del estudio de fósiles. Los fósiles se forman cuando un animal muere y se cubre rápidamente con arena, barro o agua. Esto evita que las partes duras del cuerpo, como los huesos, dientes y garras, se descompongan. El cuerpo queda prensado entre capas de barro y arena. Luego de millones de años, las capas se convierten en rocas, y los huesos y dientes de los dinosaurios también lo hacen. Esto conserva el tamaño y la forma de los dinosaurios.

Las personas pueden ir a museos para ver fósiles y aprender más acerca del triceratops. Cada año, personas de todo el mundo visitan museos para ver los fósiles del triceratops en persona. No se han encontrado muchos fósiles de triceratops, y la mayoría no están completos. Esto quiere decir que la mayoría de los museos exhibe réplicas de los fósiles de triceratops. Sin embargo, el museo Children's Museum en Indiana es el hogar de Kelsey, uno de los fósiles de triceratops más completos del mundo.

¡Visita www.av2books.com para disfrutar de tu libro interactivo de inglés y español!

Check out www.av2books.com for your interactive English and Spanish ebook!

1 **Entra en www.av2books.com**
Go to www.av2books.com

2 **Ingresa tu código**
Enter book code

W 6 4 3 6 2 1

3 **¡Alimenta tu imaginación en línea!**
Fuel your imagination online!

www.av2books.com

Published by AV² by Weigl
350 5th Avenue, 59th Floor New York, NY 10118
Website: www.av2books.com   www.weigl.com

Library of Congress Control Number: 2014932959

ISBN 978-1-4896-2072-9 (hardcover)
ISBN 978-1-4896-2073-6 (single-user eBook)
ISBN 978-1-4896-2074-3 (multi-user eBook)

Printed in the United States of America in North Mankato, Minnesota
1 2 3 4 5 6 7 8 9 0 18 17 16 15 14

032014
WEP280314

Project Coordinator: Jared Siemens
Spanish Editor: Translation Cloud LLC
Art Director: Terry Paulhus

Every reasonable effort has been made to trace ownership and to obtain permission to reprint copyright material. The publishers would be pleased to have any errors or omissions brought to their attention so that they may be corrected in subsequent printings.

All illustrations by Jon Hughes, pixel-shack.com; Getty Images: 19 inset; Alamy: 20.